AF455559

VENTE DE BIENFAISANCE

ORGANISÉE PAR

L'ASSOCIATION DES ARTISTES

Peintres, Sculpteurs, Architectes, Graveurs

et Dessinateurs

FONDATION TAYLOR

Au profit de la Veuve et de la Fille

de PAUL LAZERGES

ARTISTE PEINTRE

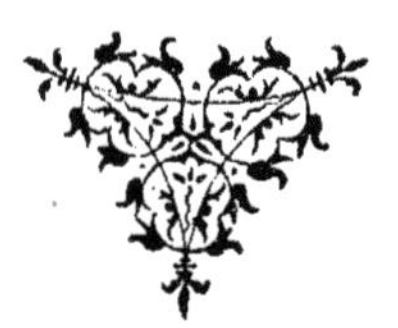

VENTE DE BIENFAISANCE

ORGANISÉE PAR

L'ASSOCIATION DES ARTISTES

Peintres, Sculpteurs, Architectes, Graveurs
et Dessinateurs
(FONDATION TAYLOR)

Au profit de la Veuve et de la Fille de PAUL LAZERGES

DE

TABLEAUX

AQUARELLES

Dessins, Gravures, Terres cuites, Bronzes, etc.

OFFERTS PAR LES ARTISTES

GALERIE GEORGES PETIT

8, RUE DE SÈZE, 8

Les Jeudi 4 et Vendredi 5 Juin 1903
à 2 heures précises

et le Vendredi 5 Juin 1903
à 8 heures du soir

COMMISSAIRE-PRISEUR	EXPERT
Me LÉON TUAL	**M. GEORGES PETIT**
56, Rue de la Victoire, 56	12, Rue Godot-de-Mauroi, 12

EXPOSITIONS

PARTICULIÈRE	PUBLIQUE
Le Mardi 2 Juin 1903	Le Mercredi 3 Juin 1903

De 1 heure 1/2 à 5 heures 1/2

CONDITIONS DE LA VENTE

La vente sera faite au comptant.

Les acquéreurs payeront *dix pour cent* en sus des prix d'adjudication.

Paris. — Imp. Georges Petit, 12, rue Godot-de-Mauroi. — 13248-08.

LISTE DES SOCIÉTAIRES

QUI ONT FAIT UN DON EN ARGENT

Bar (Alexandre de).
Barrias (E.), de l'Institut.
Bartaumieux (Charles).
Bastard (Léon).
Baudry (Ambroise).
Beaume (A.).
Belaval (Mlle Augusta).
Bellan (Ferdinand).
Bellan (Gilbert).
Berger (Georges).
Bernheim (Mlle H.).
Berthon (Armand).
Bertrand-Perrony.
Bodson (Mme Victor).
Bôhm (Mme Rosa).
Boulanger (Edmond).
Briend (Alfred).
Brongniard (E.)

Caillat (P.).
Canez (Jean).
Caraud (Joseph).
Carette (Georges).
Chouville (Mlle B.).
Cléry (A.).
Courcy (Frédéric de).

Dagnan-Bouveret, de l'Institut.
Dangleterre (Mme).
Darviot (Édouard).
Daubourg (L.).
Delaage (H.).
Delabre (Mlle M.).
Delaissey (Mme Mathilde).
Delaplace (Mlle Marie).
Delasalle (Mlle Marie).
Delobel (Mlle Marguerite).
Delorme (Mlle Berthe).
Depincé (A.).
Desforges (Mlle Laure).
Derondel (Mme Marie).
Dessart (Henri).
Dierickx (Désiré).
Dopff (Émile).
Douillard (A.).
Dubois (Pierre-A.).
Duclozet (Alexis).
Duclozet (Mme Antoinette).
Dunand-Ducroze (Mlle).
Dupont (le comte Arthur).
Duverger (A.).
Duvert (Auguste).

Falco (Albert).
Fantin-Latour.
Faure (J.).
Ferrary (Maurice).
Feuillas-Creusy (Mme).
Fouquembert (G.).
Frain (Pierre).
Frizon (Auguste).

Gagneau (Léon).
Gaillet (G.).
Garnier (G.).
Gérard (le baron).

Gerhardt (Victor).
Gillet (Numa).
Grégoire (Mlle Alice).

Hautreux (A.).
Havranek (Rudolf).
Hermans (Paul).
Higelin (Léon).
Houdard (Charles).

Jacobber (Mme).
Jacta-Dumont (Mme Lucie).
Jourdain (F.).
Julian (R.).

Lalanne (Georges).
Langlois (D.-A.).
Lanteiron (E.).
Laronze (Jean).
Laurent (Élie).
Le Bègue (Stéphan).
Leduc (Alfred).
Lefebvre (Mlle Jeanne).
Lejeune (Mlle Anatolie).
Lemaire (Louis).
Lenormand (Charles).
Lepetit (Mme Louise).
Levasseur (Léon).
Levesque (Mme).
Lindeneher (E.).
Lion (Mme Mary).
Longfils (Émile).
Lorière (Mme Marie de).

Maignan (Albert).
Maillet (Mlle M.).
Marchand (Henri).
Marco-del-Pont.
Marcoux (Auguste).
Maréchal (Charles).
Maréchal (Mlle Marie).
Maricot (Mlle Camille).
Martin (Mlle Amélie).
Masson (Mme Ve Théodat).
Mathet (Louis).
Mathey (G.).
Maurand (Charles).
Maussion (Mlle de).
Méchin (Paul).
Meynier (J.).
Moiselet (Mlle Marthe).
Mongin (Auguste).
Môny (A.).
Morel (Numa).
Munier (Mme Ve).

Naudet (Charles).
Noë (Paul).

Panariou (Mlle Marie).
Parent (Gaston).
Passage (le comte du).
Pelletier (Mme Ve).
Perier-Lefranc.
Perrey (Julien).
Petit (Antonin).
Poinsot (H.).
Protais (M. et Mme), en souvenir de Mme L. Mont.

Quantin (Mme E.).

Rapp (J.).
Rauline (Henri).
Ricottier (H.).
Rivaillon (Marius).
Robert (Mme), née Signol.
Rossigneux (Charles).
Rossler (Henri).
Rothschild frères (de).
Rottier (Henri).
Rousselin (Auguste).
Rouveaux (Gustave).
Rouveaux (Mlle Eugénie).

Sanson (E.).
Sarah-Bernhardt.
Sautier (Jules).
Savart (Charles).
Savart (Mlle Blanche).

Scellier de Gisors (G.).
Serenne (Célestin).
Signol (Mlle Ernestine).
Simon (Félix).
Simon (Mlle Blanche).
Surget (Mme Ve).

Theunissen (Corneille).
Thiérat (Mlle Mélitine).
Thierry-Ladrange (Mme A.).
Thollot (Mme Ve).
Thomas (Jules), de l'Institut.
Tonnelier (Georges).
Tourrette (E.).

Train (Eugène).
Trayer (J.-B.).
Trottet (Mlle M.).
Truchet (Abel).

Uzès (Mme la duchesse d').

Vauréal (le comte Henri de).
Verzinay (A.).
Viguier (Mlle Coralie).
Villé (Félix).
Viollette (Maurice).

Watkins (Mlle Susan).

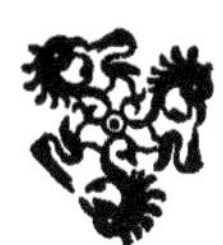

PRÉFACE

Nul artiste ne fut plus digne que Paul Lazerges, du magnifique élan de solidarité et d'affection dont le spectacle nous est offert par l'Association des Artistes, Peintres, Sculpteurs, Architectes, Graveurs et Dessinateurs, et ce n'est pas sans émotion que j'ai accepté la mission de parler de lui, en tête de ce catalogue, qui témoigne de tant de volonté généreuse.

Lazerges, qui mourut si prématurément, avait commencé sa carrière jeune, et son œuvre est considérable. Dès l'année 1870, il avait été remarqué au Salon, avec un très curieux portrait de Mme Sarah Bernhardt, dans son rôle du *Drame de la rue de la Paix;* et depuis lors, sans interruption, il avait paru aux expositions annuelles de la Société des Artistes français : toute une série de portraits le recommandèrent pendant près de trente ans à l'attention des amateurs, et l'on n'a certainement pas oublié celui de l'explorateur Foureau, le vaillant chef de la mission saharienne de 1898-1900. Ce portrait, le dernier qu'exposa Paul Lazerges, figura avec succès au Salon de 1901, et fut acquis par la ville de Paris, pour le musée du Petit Palais.

Mais Paul Lazerges ne s'en tint pas au portrait. Dès l'enfance, il avait été initié au pittoresque africain, et il fut nécessairement peintre orientaliste. Avec son tempérament de poète réfléchi, il avait compris les sites par lui visités, les beaux ciels immuablement bleus, les nuits étoilées qui demeurent claires, et les gens, et les bêtes, et les plantes : l'Égypte, Alger, Tunis, Kairouan, Al-Kantara, Biskra, avaient remué violemment son émotivité, et il s'était appliqué à dire en des tableaux bien composés, et peints de verve, le spectacle incessamment varié dont s'était réjouie sa vision juste et fine. En délicat plus épris des chansons douces des chameliers que du crépitement brutal de la poudre aux heures des fantasias, il a raconté un Orient bucolique, plutôt que l'Orient où le romantisme traîna un décor de féerie. Mais il y a, dans le calme ensoleillé de ses œuvres, un délicieux sentiment de poésie tendre qui vous séduit, l'écho d'une âme qui se plaît aux confidences, qui s'abandonne, qui vous conquiert aux sympathies qu'elle ressent.

D'une habileté et d'une sûreté de technique qui surprenait ceux qui le voyaient travailler, Paul Lazerges un temps se reposa de peindre en modelant des types rencontrés dans le désert : c'est ainsi qu'il exécuta certain conducteur de caravane, en selle sur un chameau, un groupe d'un beau caractère et d'une étonnante vérité, où il se manifeste animalier de premier ordre.

Mais, en dépit de son talent, en dépit de son long effort laborieux de trente années d'incessante production, Paul Lazerges ne connut jamais l'aisance, l'humble aisance qui échoit à l'ouvrier quand l'automne de sa vie approche. Il mourut, presque subitement, laissant sa veuve et sa fille dans le plus complet dénuement.

* * *

L'Association des Artistes, fondée par le baron Taylor, prit en main la cause si intéressante de la femme et de l'enfant, et fit appel à ses membres pour organiser une vente. Cette vente, je ne crains pas de le dire, sera une des grandes ventes de l'année. Avec un noble entrain, dans la joie de faire le bien, près de cinq cents artistes ont voulu contribuer à assurer une rente à Mme Ve Lazerges et à Mlle Lazerges ; les uns ont envoyé des espèces, les autres ont choisi une œuvre, et l'ensemble de toutes ces œuvres constitue une sorte de collection des plus attachantes. Le président, M. Bouguereau, a, des premiers, prêché d'exemple, et les autres sont venus : connus et inconnus, illustres ou obscurs, mais tous égaux dans leur magnifique élan de générosité, ont apporté leur concours et payé à la mémoire de l'artiste, trop tôt disparu, le tribut de leur affection ou de leur fraternité.

J'aurais voulu en ces lignes analyser une à une les œuvres offertes ; mais il y a cinq cents noms, et c'est presque un compte rendu de Salon que demanderait un pareil examen. Le public, d'ailleurs, se rendra compte qu'il ne s'agit pas ici d'une vente banale, en faveur de laquelle on vient solliciter un peu de charité.

Il n'y a qu'à s'arrêter un instant devant les belles œuvres de MM. Bouguereau, Carrière, Chéca, Chéret, Degas, Delpy, Desbrosses, Gagliardini, Gelhay, Bonnet, Bonnat, Dinet, Harpignies, Henner, Garat, J. Lefebvre, Maurice Leloir, Thaulow, Robert-Fleury, Émile Adan, Tattegrain, Gervex, Giacomelli, Lhermitte, Gardet, Luc-Olivier Merson, Bail, Carrier-Belleuse, Brateau, F. Bencker, Barrias, Clairin, Picard, Dubufe, A. Faivre, Gérome, Guillemet, Hochard, Meslé, Michalké, Montenard, Raffaëlli, Ravanne, Rotig, Roybet, Rochegrosse, Eug. Thirion, P. Vauthier, Waltner, Zwiller, de la Villéon, et tous les autres, pour comprendre l'importance de cette vente d'art.

Je sais bien qu'on a parfois abusé des artistes et du public, et que le public fut excusable de se désintéresser de tentatives où l'on s'efforçait de provoquer chez lui un geste de bienfaisance. Mais le cas n'est plus le même ici, et je suis convaincu que les amateurs viendront d'eux-mêmes à la vente organisée au profit de Mme et de Mlle Lazerges, parce que leur intérêt tout spécialement sera d'y venir. Ils y trouveront des perles qu'ils seraient malavisés de laisser échapper, et qui, plus tard, leur seront chèrement disputées.

Je me souviens toujours d'avoir assisté, il y a un peu plus de quinze ans, à une vente de charité : un amateur avait payé cinquante francs un petit tableau offert par le pauvre grand Lépine, et cet amateur n'était pas autrement flatté de son acquisition. Il s'aperçut plus tard qu'il avait été bien inspiré en jetant cette enchère modeste ; car, l'an dernier, son petit tableau eut preneur à dix-huit cent cinquante francs. Si je rappelle ce fait, c'est que, pour ceux qui sauront voir, il se trouve à la vente prochaine une infinité d'œuvres auxquelles l'avenir réserve certainement l'heureuse fortune de paraître des placements de père de famille.

Je m'en voudrais de placer la question sur ce terrain effroyablement pratique ; mais mes contemporains ne m'en voudront pas, puisqu'en leur indiquant une bonne affaire, j'ai la conscience de les convier à une bonne action.

L. Roger-Milès.

DÉSIGNATION

Adam (Albert)

1 — La Marche. Grand Steeple-chase anual military, 16 mai 1864. Aquarelle.

Adan (Émile)

2 — Pain bénit. Aquarelle.

Alleaume (Ludovic)

3 — Plage de Dieppe.

Alluaud (G.-E.)

4 — Un Coin dans la Creuse.

De Alto Mearim (Mme la comtesse)

5 — Étude.

Anselma (Mme)

6 — Rêverie.

Arcos (Santiago)

7 — Le Choix d'un masque.

Ardail (Albert)

8 — Famille hollandaise, d'après Rembrandt.
Eau-forte. Épreuve sur papier de Chine.

Arosa (Mlle)

9 — Étude. Peinture.

Arrondelle

10 — Sainte Cécile. Buste. Terre cuite.

Auburtin (J.-F.)

11 — Une aquarelle.

Aviat (Jules)

11 *bis* — Étude de paysage.

Baader

12 — Femme de Taulé (Finistère).

Bail (Joseph)

13 — Cuivre et Citrons.

Bakalowick

14 — Femme Henri III.

Balluriau (Paul)

15 — Un Duel de femme. Dessin rehaussé.

Balze

16 — Saint Rataume. Dessin.

Barbier (A.)

17 — Une aquarelle.

Barnier

18 — Une aquarelle.

19 — Une peinture.

Barrias (Félix)

20 — Débarquement des troupes françaises en Crimée, le 14 septembre 1854, à Old-Fort. Aquarelle gouachée. Esquisse du tableau exposé au musée de Versailles.

Baudouin (Paul)

21 — Coin de Normandie.

Baudry (Paul)

22 — Étude de femme tenant un enfant, pour le groupe de la famille primitive dans la voussure *Les Poètes* (Foyer de l'Opéra). Dessin crayon noir et sanguine, papier teinté.

Offert par M. Dubus (Jules-Alfred).

Baumeister (Mlle)

23 — Un cadre de photographie en cuir repoussé et travaillé.

Beauferey (Mlle Berthe)

24 — Pivoines roses. Aquarelle.

Beauferey (Mlle Louise)

25 — Roses. Aquarelle.

Beauvais

26 — Dans la friche (Berry).

Beauverie (Charles)

27 — Trèfles incarnats (temps gris).

Benner (Jean)

28 — Fleurs.

Benner (Many)

29 — Marine.

Benoit-Lévy (Jules)

30 — Étude en Hollande.

Béraud (Jean)

30 *bis* — Une Parisienne.

Bergeret

31 — Nature morte.

Berne-Bellecour (E.)

32 — Un dragon à cheval. Dessin à la plume.

Berthelon (Eugène)

33 — Soleil couchant. Vue prise dans la vallée de la Bresle (Seine-Inférieure).

Bertier (Ch.)

34 — Aux Sept-Laux (Dauphiné) : Sources du Bréva.

Berton (Armand)

35 — Jeune femme riant.

Besnard (Albert)

36 — Eau-forte.

37 — Eau-forte.

Bethmont (Mme)

38 — Tête d'enfant.

Bianchi (Mlle Nina)

39 — Tête de jeune satyre. Pastel. Copie d'une étude à l'huile faite par de Bay.

Bidau

40 — Un petit tableau.

Offert par Mme Vve Bidau.

Billotte (René)

41 — Lever de lune. Pastel.

Binger (Mme Marie)

42 — Étude de fleurs. Aquarelle.

Bisbing (H.-S.)

43 — Le Soir (Hollande).

Biva (Henri)

44 — Paysage.

Blanchard (Jules)

45 — Une Esquisse. Terre cuite.

Blum (Maurice)

46 — Un Musicien.

Boch (E.)

47 — Anémones.

Bocourt (E.)

48 — Éclaireurs indigènes sud-algériens.

Boillat (Mlle Lucie)

49 — Chants du soir. Gouache.

Bombled

50 — Écurie. Peinture.

Offert par Mlle Bombled.

Bonnat (Léon)

51 — Œillets.

Bonnefoy (A.)

52 — Environs de Retournemer.

Bonnet (F.)

53 — Après-midi d'hiver.

Borrel (M.)

54 — Une Répétition.

Bouchard (Paul)

55 — Cour d'église, à Moscou.

Boucher (Alfred)

56 — Ariane. Modèle plâtre.

Bouchor

57 — La Batelée de foin (Freneuse).

Bougourd (A.)

58 — Rivage, à Bizerte.

Bouguereau (W.)

59 — Admiration.

De La Boulaye (Paul)

60 — Hésitation.

Bourdin

61 — Sous bois dans la forêt de Berron (Médoc).

Bourdon (Mlle C.)

62 — Fleurs. Aquarelle. Signée Vernet.

Bourgain

63 — Soldat de la Révolution.

Bourgoin (Désiré)

64 — Dans la plaine. Aquarelle.

Bourrillon-Tournay (Mme Jeanne)

65 — Un pastel.

Boutelie

66 — Annonciation de la Vierge, d'après Léonard de Vinci. Épreuve d'artiste.

Boutroux (Mlle Marie)

67 — Petite esquisse. Aquarelle.

Boyé (Abel)

68 — Une Rue de Pancorbo (Espagne). Aquarelle.

Brascassat (R.)

69 — Étude de vache vue de profil (Collection de M. H. Krafft).

Don de M. H. Krafft.

Brateau

70 — Un gobelet en étain.

Bréauté (A.)

71 — Marie. Pastel.

Breton (Jules)

72 — Bretonne au pardon. Dessin.

Bridgman

73 — Les Pêcheurs (lac de Genève).

Brillouin (Georges)

74 — Duègne.

Offert par M. Marcel Brillouin.

Brispot

75 — Le Viatique.

Brisset (E.)

76 — Petit plateau acajou, filet cuivre, avec fond cuir gravé et peint, sous glace.

De Broutelles

77 — Étude.

Brument

78 — La Maritorne. Lithographie, d'après Franz Hals.

Bucquet

79 — Cannes : vue prise au pied du fort de l'île Sainte-Marguerite. Aquarelle.

Busson

80 — Souvenir de Sologne, environs de Vierzon.

Buttura

81 — Le Ravin du Loup. Étude.

82 — La Montagne de Roquebrune. Étude.

Cabié (Louis)

83 — Souvenir des Eyzies (Dordogne).

Cachoud (F.)

84 — Crépuscule de septembre.

Cadet (Mlle Marie)

85 — Pastel. Nature morte.

Caille (Léon)

86 — Cendrillon.

De Calmels (Henry)

87 — Les Foins. Gouache.

Caquet (Mlle Marie, dite Marie-Charles)

88 — La mère Mathias. Dessin.

Carl-Rosa

89 — L'Automne en Sologne. Paysage.

Carrier-Belleuse (Pierre)

90 — Jeune femme Empire. Pastel.

Carrière (Eugène)

91 — Tête d'enfant.

Cassagne (Armand)

92 — Lisière de forêt, effet du matin. Aquarelle.

Castiglione

93 — Tête de femme.

Cauchois (H.)

94 — Le Jardin du curé d'Osny.

Cayron (J.)

95 — Dessin rehaussé de pastel.

Cesbron (Achille)

96 — Fleurs.

Chaigneau

97 — Troupeau au pâturage. Aquarelle.

De Champeaux (O.)

98 — Jardin en fleurs en Berri.

Chapuis (H.)

99 — Le Gave, à Lourdes.

Chauvin (Mlle Jeanne)

100 — Une aquarelle.

Chavanne (Mlle Thérèse)

101 — Étude de lionne. Dessin sanguine.

Chavet (Victor)

102 — Le Mont-Blanc. Vue prise du col de la Faucille.

Checa

103 — Vinicius. Aquarelle d'après *Quo Vadis?*

Chéret (Jules)

104 — Étude. Sanguine.

Choisnard (Félix)

105 — Tempête sur les côtes de Bretagne. Aquarelle.

Chrétien (René)

106 — Un perdreau.

Clairin (Georges)

107 — Aquarelle-écran.

De Clairval (Mme la vicomtesse)

108 — Un volume de l'*Histoire du château de Vincennes.*

Exposition Universelle de 1900, par Jules de Varaville, pseudonyme en lettres de Mme la vicomtesse de Clairval.

Claude (Eugène)

109 — Peinture.

Claude (J.-Max.)

110 — Le Bain de mer.

Claude (Georges)

111 — Les Pommes.

Cliquot (Mlle A.)

112 — Faisan et lièvre dans un bois.

De Cock (César)

113 — Le Mois de septembre, à Saint-Denis-Westrem.

Cœdès

114 — Environs de Sauzon (Belle-Ile-en-Mer).

Coëssin de la Fosse

115 — Fleurs d'automne.

Colin-Libour (Mme)

116 — Un Dessin.

Collin (R.)

117 — Enfant. Étude pour un panneau décoratif.

Comerre (Léon)

118 — Tête de femme. Pastel.

Cordier (Albert)

119 — La Marne, à La Ferté-sous-Jouarre (Seine-et-Marne).

Cormon (F.)

120 — Bataille.

Corot

121 — Une Clairière.

Offert par M. C Lepage.

Cottet (Charles)

122 — Feux de la Saint-Jean. Lithographie.

Tirée à 70 exemplaires, avec remarque à la main.

De Coubertin (Ch.)

123 — Un Café maure dans le vieil Alger.

Cousin (Mlle)

124 — Innocence. Émail limousin.

Coutin (Auguste)

125 — Figure plâtre, d'après le *Saint Suaire de Turin.*

Covillot (T.)

126 — Misère.

Dambeza (L.)

127 — Bords de rivière.

Damoye (E.)

128 — La plaine (hiver), à Franconville.

Danger (H.)

129 — Baigneuse. Esquisse.

Dardy (Albert)

130 — Lever de lune. Pastel.

Darviot

131 — Biskra.

Daubeil

132 — Environs de Luxembourg. Aquarelle.

Daumont (E.)

133 — Pommes en un plat d'étain. Aquarelle-gouache.

134 — Bords de l'Almon, à Melun. Dessin à la mouchure de chandelle.

Dawant (A.)

135 — Le Maréchal Lannes au couvent de Saint-Polten. Gravure avec remarque à la main.

Debat-Ponsan (E.)

136 — Dans les sables de la Loire.

Debon (Edmond)

137 — Au bord de la mer. Aquarelle.

Defonte

138 — Un tableau.

Degas

139 — Un dessin.

Dehaussy (Mme)

140 — Prière d'un enfant.

Delacroix (H.-E.)

141 — Gardeuse de dindons.

Delacroix-Garnier (Mme)

142 — Une aquarelle.

Delahaye (François)

143 — Moissonneuses. Fusain.
144 — Un coin du parc de Marines. Fusain.

Delobbe (A.)

145 — Tête de jeune fille.

Delpy (H.)

146 — Matinée d'été près Pont-sur-Yonne. Panneau.

Demarle

147 — Environs de la ville d'Eu.

Desbrosses (Jean)

148 — Chemin conduisant à la ferme de La Beslière.

Désiré-Lucas

149 — Étude du Repas des paysans. Dessin.

Deslandes (le Baron)

150 — Vue de Saint-Georges-Majeur (Venise); clair de lune.

Deslignières (Marcel)

151 — Coucher de soleil (Benzeval). Aquarelle.

Desrivières (G.)

152 — Chemin de plaine.

Desvallières (G.)

153 — Amour vainqueur. Pastel.

Detaille

154 — Bonaparte (1796). Photographie, signée.

Detti (César)

155 — Étude.

Devaux

156 — Jeanne d'Arc. Médaillon argent.

Dinet (E.)

157 — Étude algérienne.

Doigneau (E.-D.)

158 — Étude.

Doll-Panseron (Mme)

159 — Fleurs.

Dornois

160 — Biskra, campement arabe.

Doudement (G.)

161 — Un Grain. Marine.

Doyen (G.)

162 — Forêt de Fontainebleau. Aquarelle.

Draner (Jules)

163 — Dessin.

Dubois (Alphée)

164 — Une médaille en argent.

164 *bis* — Une médaille en argent.

La plus petite peut être employée en broche.

Dubois (Henri)

165 — Une médaille.

166 — Une médaille.

167 — Une médaille.

Dubouchet

168 — Jeune chat au coffret.

Dubufe (G.)

169 — Mélusine. Sanguine.

Duffaud (J.-B.)

170 — Une rue en Irlande.

Dupouy (Mme L.)

171 — Bord de la Gironde, avant le grain.

Dupré (Julien)

172 — La Prairie. Dessin rehaussé de pastel.

Duvanel

173 — Un tableau.

Enders (Jean)

174 — Marine. Pastel.

Eustache (Sylla)

175 — Glace-breloque. Vermeil.

Eysséric (J.)

176 — Port de Saint-Tropez. Esquisse peinte.

Faivre (Abel)

177 — Dessin.

Faivre (F.)

178 — Portraits de LL. MM. l'Empereur et l'Impératrice de Russie. Plaquette en bronze.

Famchon

179 — Nature morte.

Faugeron

180 — Un tableau.

Faux-Froidure (Mme)

181 — Fleurs. Aquarelle.

Feltesse (Émile)

182 — Gravure en taille-douce, d'après une peinture de Van Ostade.

Ferrier (Gabriel)

183 — Uranie.

Ferry (Georges)

184 — Un pastel.

Feuillas-Creusy (Mme)

185 — Un tableau.

De la Fizelière-Ritti (Mlle Marthe)

186 — Négresse. Buste polychrome.

Flameng (Léopold)

187 — Portrait de Pasteur, d'après Edelfelt. Eau-forte.

Flament (Ernest)

188 — Étude de glaïeuls.

Flandrin (Paul-H.)

189 — Vénitienne.

Fleurentin

190 — Une peinture.

Foloppe

191 — Le Roi des Potirons. Fantaisie.

Foreau (H.)

192 — Le Soir.

De Forestier (Mlle Alice)

193 — Crevettes. Aquarelle.

Foubert (E.)

194 — Un Paysage au fusain. Pâturage.

Frappa (José)

195 — Le Rieur.

Frémiet

196 — Chien griffon. Bronze.

Frémont (Mlle Gabrielle)

197 — Haydée, d'après Chaplin. Miniature sur ivoire.

Friant (Émile)

198 — Vieux pêcheur. Eau-forte.

Furt (L.)

199 — Un Marché, à Ussel.

Gagliardini

200 — En Provence.

Galand

201 — Paysage.

Galerne (P.)

202 — Bords de la Vienne, à Chauvigny (Vienne).

Garat

203 — Place Clichy, effet de neige. Aquarelle.

Garavelli (Jean)

204 — Première cueillette. Statuette terre cuite.

Gardet (G.)

205 — Un ours. Plâtre.

Gasq (Paul)

206 — Adam et Ève après le péché. Groupe plâtre, esquisse.

Gassies (G.)

207 — Hallali sur pied. Aquarelle.

Gaudefroy (Alphonse)

208 — Le Chaton.

Gaudin-Belcour

209 — Paysage à Lormont (Gironde). Aquarelle.

Gaulard (Émile)

210 — Scarabée égyptien.

Reproduction en minerai d'opale, percé dans toute sa longueur pour pouvoir être traversé par une épingle.

Gautherin (Jean)

211 — Buste de la République. Terre cuite.

Offert par Mme Ve Gautherin.

Gautier (Mme Gabrielle)

212 — Peinture.

Gay (Walter)

213 — Marine.

Gelhay (E.-D.)

214 — Vaine attente.

Gélibert (Jules)

215 — Nous n'y goûterons pas!

George (Mlle Nelly)

216 — Un dessin.

Georges-Bertrand

217 — Un tableau.

Gérome (Léon)

218 -- Androclès. Esquisse.

Gervex (H.)

219 — Étude d'enfant. Pastel.

Giacomelli (H.)

220 — Un Nid de bouvreuil. Aquarelle.

Gilbaut (F.)

221 — Jeune Bretonne de Fouesnant (costume des fêtes). Bas-relief, plâtre.

Gilbert (René)

222 — Tête d'étude.

Gillet (Mme Marguerite)

223 — Figure. Pastel.

Girard (Albert)

224 — La Fermière. Aquarelle.

Girard (Firmin)

225 — Le Parc des Vives-Eaux.

Girardet (Eugène)

226 — Fuite en Égypte. Aquarelle.

Glaize (Léon)

227 — Un dessin.

Gobert (Mlle Marie)

228 — Le Triangle, d'après Prud'hon. Émail.

Gosselin (Albert)

229 — Soir d'automne.

Gouin (Ch.)

230 — Le Printemps. Peinture sur toile, procédé de la maison Charles Gouin.

Gourdon

231 — Après la moisson. Étude.

Granchi-Taylor (A.)

232 — Fleurs.

Grasset

233 — Un paysage.

Grimelund

234 — Après l'orage (port de pêcheurs en Hollande).

Grosjean (Henry)

235 — Le Chemin de Salavre (Ain).

Gruyer-Cailleaux (Mme)

236 — Mélisande. Buste.

Guénard (Octave)

237 — Le Retour du marché.

Guérin (Ch.)

238 — Un tableau.

Guéry (Armand)

239 — Une Route champenoise.

Guichard (Mlle)

240 — La Mer, d'après Roger-Jourdain. Eau-forte.

Guillemet

241 — Le Moulin d'Equihen (Pas-de-Calais).

Guillemin

242 — Bords du Doubs, près de Besançon.

Guillet (Pierre)

243 — Éventail. Pointe sèche.

1re épreuve sur 10.

De Guimard (Mlle Eudes)

244 — Une Jeune ouvrière.

245 — Une aquarelle.

Offerte par Mlle Preschez.

Guinier

246 — Bretonne et son enfant. Lithographie.

Tirée à 50 exemplaires.

Guirand de Scevola

247 — Fantaisie.

Hannaux

248 — Portrait de M. Henner. Plaquette bronze argenté.

Haquette (G.)

249 — Femme du marin.

Harpignies

250 — Une aquarelle.

Harrison (Al.)

251 — Marine.

Henner

252 — Étude.

Herpin (André)

253 — Deux Vues du musée de Cluny. Aquarelles.

Heullant

254 — La Charmeuse de pigeons.

Hista (Louis)

255 — Dans le Parc de Versailles. Aquarelle.

Hochard

256 — Dessin.

Horte (Max)

257 — Place du Marché, à Naples. Eau-forte.

Houssay (Mlle Joséphine)

258 — Une Miniaturiste. Pastel.

Huber (Léon)

259 — Chats et cuivre.

Humbert (F.)

260 — Tête de femme.

Huntington (A. St.-G.)

261 — Paysage.

Iwill

262 — Venise (le soir). Pastel.

263 — Lever de lune. Peinture.

Jacob (A.)

264 — Notre-Dame, un jour de décembre.

Jacomin

265 — Un Chaume à Saint-Léger-les-Yvelines (forêt de Rambouillet).

Offert par Mlle Kœhler.

Jacque (E.)

266 — Labourage.

Jacquesson de la Chevreuse

267 — Christ mort.

Jacquet (Gustave)

268 — La Lettre difficile. Dessin au crayon.

Jance (P.)

269 — Un petit tableau de fleurs.

Jean (Georges)

270 — Une petite coupe en argent, martelée et émaillée.

Jeanniot (G.)

271 — La Place du marché, à Domfront. Paysage.

Jeanson (Mlle M.)

272 — Une miniature.

Jobert (Paul)

273 — La Tamise, à Londres.

Jolyet (Philippe)

274 — Étude de roses.

Jorelle

275 — Tête de femme.

Julienne-Danjou (Mme)

276 — Mlle de Beaujolais. Miniature sur ivoire, d'après Nattier.

Juncker

277 — Camaïeu. Étude de paysage.
Procédé stéarine de l'auteur.

Karl-Robert

278 — La Forêt de Fontainebleau. Fusain.

Keller (Mlle D.)

279 — Deux moutons au pâturage.

Kley (L.)

280 — Amour captif. Bronze.

Kluge

281 — Églantine. Galvano argenté.

Klumpke (Mlle Anna)

282 — Un Serviteur modeste. Gravure, d'après le tableau de Rosa Bonheur.

Kœchlin (Daniel)

283 — Soir d'octobre, Villers-sur-Mer. Pastel.

284 — Effet de lune, souvenir de Hollande. Pastel.

Kreyder (A.)

285 — Roses.

Kuwasseg

286 — Soleil couchant, à Saint-Quay-Portrieux (Côtes-du-Nord).

De Ladevèze (Mme)

287 — Le Coin préféré.

Lagarde (L.-F.)

288 — Le Désir.

La Lyre (A.)

289 — Une Sirène.

La Lyre-Levesques (Mme)

290 — Marchande de mimosa. Aquarelle.

Lambert (Albert-Antoine)

291 — En vacances.

Lameire (Ch.)

292 — Un ange de la coupole de la chapelle royale dans la chapelle grecque de la rue Bizet, à Paris. Dessin.

Landelle (Ch.)

293 — Jeune fille aux bleuets.

Landry (E.)

294 — Madrigal. Croquis à la plume aquarellé. sur soie.

Langlois (Paul)

295 — Lecture, effet de lampe.

Laporte (E.)

296 — Mlle Trottinette.

Larrue

297 — Soleil d'hiver dans le parc de Versailles.

La Touche (Gaston)

298 — Danseuses. Pastel.

Laugée (Georges)

299 — Paysan fumant sa pipe. Dessin.

Laurens (Jean-Paul)

300 — Arrestation de Broussel. Étude au pastel pour un panneau de l'Hôtel de Ville.

Lavadoux

301 — Un Gigot. Nature morte.

302 — Étude, près Chambly. Paysage.

La Villette (Mme Élodie)

303 — Falaises de Quiberon (Morbihan).

Léandre

304 — La Princesse Jaune. Projet d'affiche. Dessin au fusain rehaussé.

Leclaire (Laurent)

305 — Thiers. Buste en terre-cuite.

Offert par M. et Mlles Leclaire.

Le Clerc (Mlle)

306 — Chat. Pastel.

Lecocq (Mlle Henriette)

307 — Une gravure. Eau-forte.

Lecomte (Paul)

308 — Au Pollet, près Dieppe. Aquarelle.

Le Coultre (Marcel)

309 — Femme et Pavots. Étude.

Lefebvre (Jules)

310 — Giovannina.

Legendre

311 — Vue d'Égypte. Aquarelle.

Legrand (Hilaire)

312 — Le Pont du Diable (Pornic).

Leloir (Maurice)

313 — Une aquarelle.

Lemaire (Georges)

314 — Flore et Zéphyr. Plaquette bronze argenté.

Lemaire (Louis)

315 — Bouquet de roses.

Lematte (F.)

316 — Printemps.

Leménorel (E.)

317 — Tête de jeune fille. Pastel.

Le Roy

318 — Chats. Toile.

Leroy (Mlle Elvire)

319 — Portrait de Galilée, d'après Substermans Miniature ivoire.

Le Sidaner

319 *bis* — Paysage. Toile.

Letellier (Charles)

320 — Tête de femme.

Letoula

321 — Molière. Lithographie originale.

322 — Légende bretonne. Lithographie originale.

323 — Portrait d'Eugène Delacroix. Lithographie.

Lévis (Maurice)

324 — Barques grecques, à Gallipoli.

Lhermitte (Léon)

325 — Berger. Étude pastel.

Liard (Augustin)

326 — Paysage.

Ligibel (Maurice)

327 — Violettes.

Lindauer

328 — Ophélie. Plaque de ceinture argent ciselé.

Loir (Luigi)

329 — Les Bords de la Seine. Aquarelle.

Loïs-Pennroze (Mlle)

330 — Peinture.

Lopisgich (Georges)

331 — Le Vieux Moulin. Pointe sèche originale.
Épreuve d'artiste, Salon 1903.

Lourdey

332 — Un dessin.

Lucas (Hippolyte)

333 — Passante.

Luc-Olivier Merson

334 — Une Fête populaire au xve siècle. Dessin.

Luneau (Mlle Eugénie)

335 — Florida.

Lunois (A.)

336 — Entrée de la Cuadrilla, Plaza de Toros (Séville). Pastel.

Machard (Pierre)

337 — Étude.

Magne

338 — Le Café.

Mahler (Paul)

339 — L'Été. Coq et poules.

340 — L'Hiver. Coq et poules.

Aquarelles originales sur un trait lithographié, tiré à 50 exemplaires, pierre détruite.

Maillard (Fernand)

340 *bis* — Rio dan Moïse (Venise).

Mairet

341 — Le Petit déjeuner.

Mangin (Marcel)

342 — Baigneurs.

Manson (F.)

343 — Un tableau de genre.

Marec (Victor)

344 — Tailleur en chambre. Esquisse.

Marioton (Claudius)

345 — Sympathie. Plaquette bronze.

Marioton (Eugène)

346 — Esméralda. Bas-relief étain.

Martin (Léon)

347 — Le Canal Saint-Martin. Dessin.

Martin (Mlle Suzanne)

348 — Roses de Nice et violettes. Aquarelle.

Martinez (Fernando)

349 — Pêches et carafon. Nature morte.

Martinez del Rio (Mme)

350 — Pastel.

Mascré (O.)

351 — Temps brumeux, environs de la Grande-Chartreuse.

Massé (Mlle B.)

352 — Potiche orientale.

Masure

353 — La Pointe de Granville.

354 — Marée basse.

Mathey (P.)

355 — Étude de fleurs.

Maury (F.)

356 — Un tableau.

Ménard (René)

356 *bis* — Étude.

Merlin

357 — Chats.

Meslé

358 — Peinture.

Mezzara

359 — Surprise. Pastel.

Michalké

360 — Une console en bois sculpté, style Renaissance.

Michel (Charles-Henri)

361 — Mandolinara. Pastel.

Michon (Mme C.-M.)

362 — Aquarelle,

De Migl (Arpad)

363 — Soyons discrets. Fantaisie.

Millochau (E.)

364 — Au bord de l'eau.

Monchablon (A.)

364 *bis* — Étude. Peinture.

Monségur (Mme Alice de)

364 *ter* — Vue de l'Église de Benerville (Calvados), XIe siècle.

Montenard (F.)

365 — La Grève du Lavandou (Méditerranée). Pastel.

Monziès (Louis)

366 — Le Petit Bibliophile, d'après Meissonier. Gravure.

Moreau (Adrien)

367 — Un Poète. Aquarelle.

Mouchot (Louis)

368 — Intérieur de l'église Saint-Marc (Venise).

369 — Tireur de barques (Haute-Égypte).

Offerts par Mme Ve L. Mouchot.

Mouillard (Alfred)

370 — La Mort de Valentin (Faust)

Mouillard (Lucien)

371 — Troupe d'aspect martial, mais inoffensive.

Mouren (Henry)

372 — Bords de la Loire, à Saint-Thibauld. Aquarelle.

Muraton (Mme E.)

373 — Nature morte.

Nallet-Poussin (Mme)

374 — Carrière à Liancourt (Seine-et-Oise).

Noë (Paul)

375 — Paysage.

Norgeu (Mme M.)

376 — Fleurs.

Nozal (A.)

377 — Villeneuve-l'Étang, matinée d'automne.

Odérieu (Mlle A.)

378 — Une miniature. Étude.

Olive

379 — Marine (Provence).

Olivetti

380 — Huîtres et crevettes.

Ollivier (Mlle Louise)

381 — Étude pochade.

Pasini

382 — Étude.

Offert par M. G. Sortais.

Paulin-Bertrand

383 — La Rafale.

Pécrus (C.)

384 — Marine.

Pégot-Bernard

385 — Fruit défendu. Pastel.

Pelletier (Ernest)

386 — Bucy-le-Long, près Soissons.

387 — Vieille ferme à Sainte-Marguerite, près Soissons, effet du matin.

Pelletier-Dupont (Mme)

388 — Un dessin à la plume, d'après Meissonier.

De Penne (Olivier)

389 — Chiens courants.

Offert par Mme Ve O. de Penne.

Perin (Louis)

390 — Vue de Moret, effet de soir. Aquarelle.

Perrault (Léon)

391 — Tête de nomade.

Perret (Aimé)

392 — Bergère. Dessin rehaussé.

Pertuiset

393 — Une Marine, cap Horn.

Pétua (Léon)

394 — Un Turc. Tête.

Pétua (Mlle Jeanne)

395 — Etude.

Pezant

396 — Peinture.

Pharant

397 — Porte-papier à cigarette, métal blanc argenté, orné d'une gravure au burin.

De Pibrac (le Baron)

398 — Un tableau.

Picard (Mathurin)

399 — Coucher de soleil. Aquarelle.

400 — Effet du matin. Aquarelle.

Pierdon (F.)

401 — Paysage.

Pierre (Claude)

402 — Un buvard, dessus en marqueterie d'étoffes.

Piguet (R.)

403 — Une eau-forte.

Pissarro

404 — Quai Malaquais.

Poilpot

405 — Au Bal de la Bastille (1789).

Poisson (Mlle L.)

406 — Gâteau de fête Mascotte.

Polonceau (Mlle H.)

407 — Trio d'amis.

Pons (Marius)

408 — Panier de fruits.

Popelin (Mlle Magdeleine)

409 — Le Petit chemin. Aquarelle.

Pornin (Jules)

410 — Vallée de Boutigny (Seine-et-Oise).

Prévost (Alexandre)

411 — Une Educanda chez les Ursulines.

Prevost-Roqueplan (Mme Camille)

412 — Étude.

Prévot (Mlle Maria)

413 — Un petit tableau.

Princeteau

414 — Bœuf.

Priou (Louis)

415 — Bon pour un portrait, grandeur nature. Valeur 1.000 fr. Sur toile de 10.

Proal (Mlle Octavie)

416 — Corbeille à papier en cuir repoussé.

Proust (Gustave)

417 — Une aquarelle.

418 — Un dessin à la sanguine.

Puech (Denis)

418 *bis* — Buste plâtre. Étude.

Quignon (F.)

419 — Étude d'avoine.

Quinet

420 — Dans le parc de Villeneuve-l'Étang.

De la Quintinie

421 — Paysage.

Quost

422 — Fleurs.

Raffaëlli

423 — La petite Rue. Pointe-sèche originale en couleurs.

Rapine

424 — Calvaire, d'après Véronèse. Gravure au burin.

Épreuve de remarque sur Japon.

Ravanne

425 — Une aquarelle.

Renard (Émile)

426 — Bruyères en fleurs.

Renié (Émile)

427 — Le Parc de Coutenson (Loire).

Renouard (Paul)

427 *bis* — Un exemplaire de croquis.

Rey (Augustin)

428 — Le Jour de la Reine-Berthe (Suisse). Aquarelle.

Reynaud (F.)

429 — Porteuses de feuilles mortes (Italie).

Richard (Edmond)

430 — Une aquarelle.

Richet (Léon)

431 — Peinture.

Rigolot (A.)

432 — Le Soir au village. Pastel.

Rivière (Charles)

433 — Tasse et souris blanche.

Rivoire

434 — Roses. Aquarelle.

Robert (Mme Berthe)

435 — Une miniature. Émail.

Rochegrosse (G.)

436 — Fleurs.

Rodin (Auguste)

437 — Brouillard. Dessin.

Roger-Bloche (Paul)

438 — Jeune fille d'Assise. Buste plâtre patiné.

Romani (Mlle)

439 — Lucrezia Borgia.

Rome (Aimé)

440 — Portrait de Meissonier. Dessin.

Rongier (Mlle Jeanne)

441 — Lisière de forêt. Barbizon. Pastel.

Rosier (Amédée)

442 — Venise.

Rosseau (Percival)

443 — Étude de chien.

Rossert (Mme)

444 — Fantaisie, Miniature.

Rotig (G.-F.)

445 — Renard à l'affût. Dessin à la plume sur papier Gillot.

Roulet (E.)

446 — Vue prise à Saint-Martin-au-Bosc (Eure). Aquarelle.

Roullier (Christian)

447 — Liseuse.

Rousseau (H.)

448 — Cavalier. Étude.

Rousset (Mlle)

449 — Une aquarelle.

Roybet (F.)

450 — Un Chasseur.

Saintpierre (G.)

451 — Tête de femme arabe.

Schmitt (Mlle Noémie)

452 — Une miniature sur ivoire. Étude.

Schneckenburger (Mlle Anna)

453 — Fruits. Aquarelle.

De Schryver (Louis)

454 — Charmeuse. Tête d'expression.

Schützenberger (René)

455 — Tête d'étude.

Sebilleau

456 — Octobre aux environs de Bordeaux.

Sédillot (Mlle A.)

457 — Tête 1830. Dessin rehaussé de sanguine.

Le Sénéchal de Kerdréoret

458 — La Houle. Cancale (Ille-et-Vilaine).

Sézille des Essarts

459 — Pleureuse.

Silbert (José)

460 — Rue du Village rouge, à El-Kantara.

Simonnet

461 — La Marne.

Sinibaldi

462 — La Petite Léone (le soir).

De Sistello (Mme la Vicomtesse)

463 — Fortifications de Paris.

Smith (Alfred)

464 — Vue de Venise.

Sollier (Eugène)

465 — Statue de sainte Thérèse. Esquisse terre cuite.

Sonrel (Mlle Élisabeth)

466 — Étude pour Flore. Dessin.

Soulié (Mlle)

467 — Abat-jour aquarelle, d'après Véronèse. Signé : *Soleil.*

Steinlen

467 *bis* — Étude de femme. Dessin.

Stongue (Édouard)

468 — Liberté ! Eau-forte originale.

« Liberté ! liberté chérie !
» Combats avec tes défenseurs. »

Stryienska (Mlle Edmée)

469 — Un coffret bois, style moderne.

Suau

470 — Fleurs.

Tattegrain

471 — Vieux marin.

Tenré (Henry)

472 — Parisiennes. Dessin aux trois crayons.

Teysonnières

473 — Étang de Leucate (Pyrénées-Orientales). Fusain.

Thaulow

474 — Peinture.

Thévenot (F.)

475 — Nature morte.

Thiéry (Mlle Marie)

476 — Une miniature.

Thirion (Eugène)

477 — Pandore.

Thorel

478 — Paysage (Dauphiné, de Sibuet).

Thurner (Gabriel)

479 — Petit cours d'eau, à Brunoy.

Tillier (Paul)

480 — Tête d'étude.

Tinayre (J.)

481 — La Tasse de café, d'après Ribot. Gravure. Épreuve d'artiste.

Tirard (Mlle Anna)

482 — Lucia. Pastel.

Tofani (Oswaldo)

483 — Étude.

Tony Robert-Fleury

484 — Carmella.

Tullon

485 — Nature morte.

Turlin (Henri)

486 — Solitude. Eau-forte.

Valentino (Mlle Amélie)

487 — Un pastel.

Vallois (P.)

488 — Matinée dans les Ardennes.

Vauthier (Pierre)

489 — A Rouen, en hiver.

Verdier

490 — Un Paysage.

Vernaut (Mlle M.)

491 — Petite fille à la tartine, d'après Deschamps. Lithographie.

Verrimst (F.)

492 — Paysage. Aquarelle.

Vianelli

493 — Bord de Seine, à Croissy. Paysage.

Villanis

494 — Bébé au clou. Statuette plâtre.

495 — Le compositeur Camille Saint-Saëns. Buste plâtre.

Villeneuve (Edmond)

496 — Pâturages aux environs de Meaux. Fusain.

De la Villéon (Vicomte Emmanuel)

497 — La Passerelle. Paysage.

Vivien

498 — Petit poussain. Aquarelle.

Voriot (Ch.)

499 — Deux assiettes en porcelaine. Fleurs. Saxe.

Voruz (Mlle)

500 — Lithographie, d'après Corot.

Vuagnat (F.)

501 — Cour de ferme.

Waldmann

502 — Chien du Thibet. Terre-cuite.

Waltner (Charles)

503 — Comtesse de Barck. Eau-forte, d'après H. Regnault.

504 — Musique sacrée. Eau-forte, d'après E. Delaplanche.

Worms

505 — Un majo Sévillano. Aquarelle.

Wuster (Ch.-L.)

506 — Une coupe métal, encadrée, gravée, ramollayée, fleurs et oiseaux

Zier (Édouard)

507 — Sur la plage.

Zuber

508 — L'Yonne, à Mailly-le-Château.

Zwiller (A.)

509 — Rêverie.

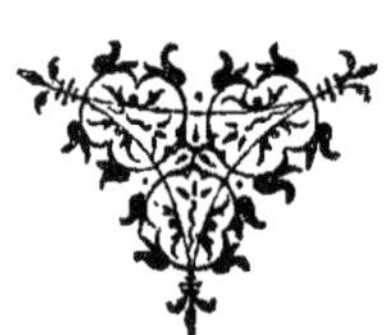

www.ingramcontent.com/pod-product-compliance
Ingram Content Group UK Ltd.
Pitfield, Milton Keynes, MK11 3LW, UK
UKHW022122260726
13993UKWH00003B/1183